AF477199

This planner belongs to

____

____

____

____

____

____

	JANUARY	FEBRUARY	MARCH	APRIL	MAY	JUNE
1	FRI	MON	MON	THU	SAT	TUE
2	SAT	TUE	TUE	FRI	SUN	WED
3	SUN	WED	WED	SAT	MON	THU
4	MON	THU	THU	SUN	TUE	FRI
5	TUE	FRI	FRI	MON	WED	SAT
6	WED	SAT	SAT	TUE	THU	SUN
7	THU	SUN	SUN	WED	FRI	MON
8	FRI	MON	MON	THU	SAT	TUE
9	SAT	TUE	TUE	FRI	SUN	WED
10	SUN	WED	WED	SAT	MON	THU
11	MON	THU	THU	SUN	TUE	FRI
12	TUE	FRI	FRI	MON	WED	SAT
13	WED	SAT	SAT	TUE	THU	SUN
14	THU	SUN	SUN	WED	FRI	MON
15	FRI	MON	MON	THU	SAT	TUE
16	SAT	TUE	TUE	FRI	SUN	WED
17	SUN	WED	WED	SAT	MON	THU
18	MON	THU	THU	SUN	TUE	FRI
19	TUE	FRI	FRI	MON	WED	SAT
20	WED	SAT	SAT	TUE	THU	SUN
21	THU	SUN	SUN	WED	FRI	MON
22	FRI	MON	MON	THU	SAT	TUE
23	SAT	TUE	TUE	FRI	SUN	WED
24	SUN	WED	WED	SAT	MON	THU
25	MON	THU	THU	SUN	TUE	FRI
26	TUE	FRI	FRI	MON	WED	SAT
27	WED	SAT	SAT	TUE	THU	SUN
28	THU	SUN	SUN	WED	FRI	MON
29	FRI		MON	THU	SAT	TUE
30	SAT		TUE	FRI	SUN	WED
31	SUN		WED		MON	

JULY	AUGUST	SEPTEMBER	OCTOBER	NOVEMBER	DECEMBER	
THU	SUN	WED	FRI	MON	WED	1
FRI	MON	THU	SAT	TUE	THU	2
SAT	TUE	FRI	SUN	WED	FRI	3
SUN	WED	SAT	MON	THU	SAT	4
MON	THU	SUN	TUE	FRI	SUN	5
TUE	FRI	MON	WED	SAT	MON	6
WED	SAT	TUE	THU	SUN	TUE	7
THU	SUN	WED	FRI	MON	WED	8
FRI	MON	THU	SAT	TUE	THU	9
SAT	TUE	FRI	SUN	WED	FRI	10
SUN	WED	SAT	MON	THU	SAT	11
MON	THU	SUN	TUE	FRI	SUN	12
TUE	FRI	MON	WED	SAT	MON	13
WED	SAT	TUE	THU	SUN	TUE	14
THU	SUN	WED	FRI	MON	WED	15
FRI	MON	THU	SAT	TUE	THU	16
SAT	TUE	FRI	SUN	WED	FRI	17
SUN	WED	SAT	MON	THU	SAT	18
MON	THU	SUN	TUE	FRI	SUN	19
TUE	FRI	MON	WED	SAT	MON	20
WED	SAT	TUE	THU	SUN	TUE	21
THU	SUN	WED	FRI	MON	WED	22
FRI	MON	THU	SAT	TUE	THU	23
SAT	TUE	FRI	SUN	WED	FRI	24
SUN	WED	SAT	MON	THU	SAT	25
MON	THU	SUN	TUE	FRI	SUN	26
TUE	FRI	MON	WED	SAT	MON	27
WED	SAT	TUE	THU	SUN	TUE	28
THU	SUN	WED	FRI	MON	WED	29
FRI	MON	THU	SAT	TUE	THU	30
SAT	TUE		SUN		FRI	31

AT A GLANCE

	JANUARY	FEBRUARY	MARCH	APRIL	MAY	JUNE
1	SAT	TUE	TUE	FRI	SUN	WED
2	SUN	WED	WED	SAT	MON	THU
3	MON	THU	THU	SUN	TUE	FRI
4	TUE	FRI	FRI	MON	WED	SAT
5	WED	SAT	SAT	TUE	THU	SUN
6	THU	SUN	SUN	WED	FRI	MON
7	FRI	MON	MON	THU	SAT	TUE
8	SAT	TUE	TUE	FRI	SUN	WED
9	SUN	WED	WED	SAT	MON	THU
10	MON	THU	THU	SUN	TUE	FRI
11	TUE	FRI	FRI	MON	WED	SAT
12	WED	SAT	SAT	TUE	THU	SUN
13	THU	SUN	SUN	WED	FRI	MON
14	FRI	MON	MON	THU	SAT	TUE
15	SAT	TUE	TUE	FRI	SUN	WED
16	SUN	WED	WED	SAT	MON	THU
17	MON	THU	THU	SUN	TUE	FRI
18	TUE	FRI	FRI	MON	WED	SAT
19	WED	SAT	SAT	TUE	THU	SUN
20	THU	SUN	SUN	WED	FRI	MON
21	FRI	MON	MON	THU	SAT	TUE
22	SAT	TUE	TUE	FRI	SUN	WED
23	SUN	WED	WED	SAT	MON	THU
24	MON	THU	THU	SUN	TUE	FRI
25	TUE	FRI	FRI	MON	WED	SAT
26	WED	SAT	SAT	TUE	THU	SUN
27	THU	SUN	SUN	WED	FRI	MON
28	FRI	MON	MON	THU	SAT	TUE
29	SAT		TUE	FRI	SUN	WED
30	SUN		WED	SAT	MON	THU
31	MON		THU		TUE	

2022

JULY	AUGUST	SEPTEMBER	OCTOBER	NOVEMBER	DECEMBER	
FRI	MON	THU	SAT	TUE	THU	1
SAT	TUE	FRI	SUN	WED	FRI	2
SUN	WED	SAT	MON	THU	SAT	3
MON	THU	SUN	TUE	FRI	SUN	4
TUE	FRI	MON	WED	SAT	MON	5
WED	SAT	TUE	THU	SUN	TUE	6
THU	SUN	WED	FRI	MON	WED	7
FRI	MON	THU	SAT	TUE	THU	8
SAT	TUE	FRI	SUN	WED	FRI	9
SUN	WED	SAT	MON	THU	SAT	10
MON	THU	SUN	TUE	FRI	SUN	11
TUE	FRI	MON	WED	SAT	MON	12
WED	SAT	TUE	THU	SUN	TUE	13
THU	SUN	WED	FRI	MON	WED	14
FRI	MON	THU	SAT	TUE	THU	15
SAT	TUE	FRI	SUN	WED	FRI	16
SUN	WED	SAT	MON	THU	SAT	17
MON	THU	SUN	TUE	FRI	SUN	18
TUE	FRI	MON	WED	SAT	MON	19
WED	SAT	TUE	THU	SUN	TUE	20
THU	SUN	WED	FRI	MON	WED	21
FRI	MON	THU	SAT	TUE	THU	22
SAT	TUE	FRI	SUN	WED	FRI	23
SUN	WED	SAT	MON	THU	SAT	24
MON	THU	SUN	TUE	FRI	SUN	25
TUE	FRI	MON	WED	SAT	MON	26
WED	SAT	TUE	THU	SUN	TUE	27
THU	SUN	WED	FRI	MON	WED	28
FRI	MON	THU	SAT	TUE	THU	29
SAT	TUE	FRI	SUN	WED	FRI	30
SUN	WED		MON		SAT	31

28 MONDAY

29 TUESDAY

30 WEDNESDAY

31 THURSDAY

1 FRIDAY

2 SATURDAY

WK 53

3 SUNDAY

Notes

To-Do

- ○
- ○
- ○
- ○
- ○
- ○
- ○
- ○
- ○
- ○
- ○
- ○
- ○

M	T	W	T	F	S	S
				1	2	3
4	5	6	7	8	9	10
11	12	13	14	15	16	17
18	19	20	21	22	23	24
25	26	27	28	29	30	31

4 MONDAY

5 TUESDAY

6 WEDNESDAY

7 THURSDAY

8 FRIDAY

9 SATURDAY

WK 1

10 SUNDAY

Notes

To-Do

○
○
○
○
○
○
○
○
○
○
○
○
○

M	T	W	T	F	J	S
				1	2	3
4	5	6	7	8	9	10
11	12	13	14	15	16	17
18	19	20	21	22	23	24
25	26	27	28	29	30	31

11 MONDAY

12 TUESDAY

13 WEDNESDAY

14 THURSDAY

15 FRIDAY

16 SATURDAY

17 SUNDAY

Notes

To-Do

○
○
○
○
○
○
○
○
○
○
○
○
○

M	T	W	T	F	S	S
				1	2	3
4	5	6	7	8	9	10
11	12	13	14	15	16	17
18	19	20	21	22	23	24
25	26	27	28	29	30	31

18 MONDAY

19 TUESDAY

20 WEDNESDAY

21 THURSDAY

22 FRIDAY

23 SATURDAY

WK 3

24 SUNDAY

Notes

To-Do

- ○
- ○
- ○
- ○
- ○
- ○
- ○
- ○
- ○
- ○
- ○
- ○
- ○

M	T	W	T	F	S	S
				1	2	3
4	5	6	7	8	9	10
11	12	13	14	15	16	17
18	19	20	21	22	23	24
25	26	27	28	29	30	31

25 MONDAY

26 TUESDAY

27 WEDNESDAY

28 THURSDAY

29 FRIDAY

30 SATURDAY

31 SUNDAY

Notes

To-Do

- ○
- ○
- ○
- ○
- ○
- ○
- ○
- ○
- ○
- ○
- ○
- ○
- ○

M	T	W	T	F	S	S
				1	2	3
4	5	6	7	8	9	10
11	12	13	14	15	16	17
18	19	20	21	22	23	24
25	26	27	28	29	30	31

1 MONDAY

2 TUESDAY

3 WEDNESDAY

4 THURSDAY

5 FRIDAY

6 SATURDAY

WK 5

7 SUNDAY

Notes

To-Do

- ○
- ○
- ○
- ○
- ○
- ○
- ○
- ○
- ○
- ○
- ○
- ○
- ○

M	T	W	T	F	S	S
1	2	3	4	5	6	7
8	9	10	11	12	13	14
15	16	17	18	19	20	21
22	23	24	25	26	27	28

FEBRUARY

8 MONDAY

9 TUESDAY

10 WEDNESDAY

11 THURSDAY

12 FRIDAY

13 SATURDAY

14 SUNDAY

Notes

To-Do

M	T	W	T	F	S	S
1	2	3	4	5	6	7
8	9	10	11	12	13	14
15	16	17	18	19	20	21
22	23	24	25	26	27	28

15 MONDAY

16 TUESDAY

17 WEDNESDAY

18 THURSDAY

19 FRIDAY

20 SATURDAY

WK 7

21 SUNDAY

Notes

To-Do

M	T	W	T	F	S	S
1	2	3	4	5	6	7
8	9	10	11	12	13	14
15	16	17	18	19	20	21
22	23	24	25	26	27	28

22 MONDAY

23 TUESDAY

24 WEDNESDAY

25 THURSDAY

26 FRIDAY

27 SATURDAY

WK 8

28 SUNDAY

Notes

To-Do

M	T	W	T	F	S	S
1	2	3	4	5	6	7
8	9	10	11	12	13	14
15	16	17	18	19	20	21
22	23	24	25	26	27	28

1 MONDAY

2 TUESDAY

3 WEDNESDAY

4 THURSDAY

5 FRIDAY

6 SATURDAY

WK **9**

7 SUNDAY

Notes

To-Do

M	T	W	T	F	S	S	MARCH
1	2	3	4	5	6	7	
8	9	10	11	12	13	14	
15	16	17	18	19	20	21	
22	23	24	25	26	27	28	
29	30	31					

8 MONDAY

9 TUESDAY

10 WEDNESDAY

11 THURSDAY

12 FRIDAY

13 SATURDAY

14 SUNDAY

Notes

To-Do

M	T	W	T	F	S	S
1	2	3	4	5	6	7
8	9	10	11	12	13	14
15	16	17	18	19	20	21
22	23	24	25	26	27	28
29	30	31				

15 MONDAY

16 TUESDAY

17 WEDNESDAY

18 THURSDAY

19 FRIDAY

20 SATURDAY

21 SUNDAY

Notes

To-Do

- ○
- ○
- ○
- ○
- ○
- ○
- ○
- ○
- ○
- ○
- ○
- ○
- ○

M	T	W	T	F	S	S
1	2	3	4	5	6	7
8	9	10	11	12	13	14
15	16	17	18	19	20	21
22	23	24	25	26	27	28
29	30	31				

26 FRIDAY

27 SATURDAY

28 SUNDAY

Notes

To-Do

M	T	W	T	F	S	S
1	2	3	4	5	6	7
8	9	10	11	12	13	14
15	16	17	18	19	20	21
22	23	24	25	26	27	28
29	30	31				

29 MONDAY

30 TUESDAY

31 WEDNESDAY

1 THURSDAY

2 FRIDAY

3 SATURDAY

4 SUNDAY

Notes

To-Do

○
○
○
○
○
○
○
○
○
○
○
○
○

M	T	W	T	F	S	S
			1	2	3	4
5	6	7	8	9	10	11
12	13	14	15	16	17	18
19	20	21	22	23	24	25
26	27	28	29	30		

5 MONDAY

6 TUESDAY

7 WEDNESDAY

8 THURSDAY

9 FRIDAY

10 SATURDAY

11 SUNDAY

Notes

To-Do

M	T	W	T	F	S	S
			1	2	3	4
5	6	7	8	9	10	11
12	13	14	15	16	17	18
19	20	21	22	23	24	25
26	27	28	29	30		

12 MONDAY

13 TUESDAY

14 WEDNESDAY

15 THURSDAY

16 FRIDAY

17 SATURDAY

18 SUNDAY

Notes

To-Do

○
○
○
○
○
○
○
○
○
○
○
○
○

M	T	W	T	F	S	S	APRIL
			1	2	3	4	
5	6	7	8	9	10	11	
12	13	14	15	16	17	18	
19	20	21	22	23	24	25	
26	27	28	29	30			

19 MONDAY

20 TUESDAY

21 WEDNESDAY

22 THURSDAY

23 FRIDAY

24 SATURDAY

25 SUNDAY

Notes

To-Do

○
○
○
○
○
○
○
○
○
○
○
○
○

M	T	W	T	F	S	S
			1	2	3	4
5	6	7	8	9	10	11
12	13	14	15	16	17	18
19	20	21	22	23	24	25
26	27	28	29	30		

26 MONDAY

27 TUESDAY

28 WEDNESDAY

29 THURSDAY

30 FRIDAY

1 SATURDAY

2 SUNDAY

Notes

To-Do

M	T	W	T	F	S	S
			1	2	3	4
5	6	7	8	9	10	11
12	13	14	15	16	17	18
19	20	21	22	23	24	25
26	27	28	29	30		

3 MONDAY

4 TUESDAY

5 WEDNESDAY

6 THURSDAY

7 FRIDAY

8 SATURDAY

9 SUNDAY

Notes

To-Do

○
○
○
○
○
○
○
○
○
○
○
○
○

M	T	W	T	F	S	S
					1	2
3	4	5	6	7	8	9
10	11	12	13	14	15	16
17	18	19	20	21	22	23
24	25	26	27	28	29	30
31						

10 MONDAY

11 TUESDAY

12 WEDNESDAY

13 THURSDAY

14 FRIDAY

15 SATURDAY

16 SUNDAY

Notes

To-Do

M	T	W	T	F	S	S
					1	2
3	4	5	6	7	8	9
10	11	12	13	14	15	16
17	18	19	20	21	22	23
24	25	26	27	28	29	30
31						

17 MONDAY

18 TUESDAY

19 WEDNESDAY

20 THURSDAY

21 FRIDAY

22 SATURDAY

23 SUNDAY

Notes

To-Do

M	T	W	T	F	S	S
					1	2
3	4	5	6	7	8	9
10	11	12	13	14	15	16
17	18	19	20	21	22	23
24	25	26	27	28	29	30
31						

28 FRIDAY

29 SATURDAY

30 SUNDAY

Notes

To-Do

M	T	W	T	F	S	S
					1	2
3	4	5	6	7	8	9
10	11	12	13	14	15	16
17	18	19	20	21	22	23
24	25	26	27	28	29	30
31						

31 MONDAY

1 TUESDAY

2 WEDNESDAY

3 THURSDAY

4 FRIDAY

5 SATURDAY

6 SUNDAY

Notes

To-Do

M	T	W	T	F	S	S
	1	2	3	4	5	6
7	8	9	10	11	12	13
14	15	16	17	18	19	20
21	22	23	24	25	26	27
28	29	30				

7 MONDAY

8 TUESDAY

9 WEDNESDAY

10 THURSDAY

11 FRIDAY

12 SATURDAY

13 SUNDAY

Notes

To-Do

M	T	W	T	F	S	S
	1	2	3	4	5	6
7	8	9	10	11	12	13
14	15	16	17	18	19	20
21	22	23	24	25	26	27
28	29	30				

14 MONDAY

15 TUESDAY

16 WEDNESDAY

17 THURSDAY

18 FRIDAY

19 SATURDAY

20 SUNDAY

Notes

To-Do

M	T	W	T	F	S	S
	1	2	3	4	5	6
7	8	9	10	11	12	13
14	15	16	17	18	19	20
21	22	23	24	25	26	27
28	29	30				

21 MONDAY

22 TUESDAY

23 WEDNESDAY

24 THURSDAY

25 FRIDAY

26 SATURDAY

27 SUNDAY

Notes

To-Do

M	T	W	T	F	S	S
	1	2	3	4	5	6
7	8	9	10	11	12	13
14	15	16	17	18	19	20
21	22	23	24	25	26	27
28	29	30				

28 MONDAY

29 TUESDAY

30 WEDNESDAY

1 THURSDAY

2 FRIDAY

3 SATURDAY

4 SUNDAY

Notes

To-Do

M	T	W	T	F	S	S
			1	2	3	4
5	6	7	8	9	10	11
12	13	14	15	16	17	18
19	20	21	22	23	24	25
26	27	28	29	30	31	

5 MONDAY

6 TUESDAY

7 WEDNESDAY

8 THURSDAY

9 FRIDAY

10 SATURDAY

11 SUNDAY

Notes

To-Do

- ○
- ○
- ○
- ○
- ○
- ○
- ○
- ○
- ○
- ○
- ○
- ○
- ○
- ○

M	T	W	T	F	S	S
			1	2	3	4
5	6	7	8	9	10	11
12	13	14	15	16	17	18
19	20	21	22	23	24	25
26	27	28	29	30	31	

12 MONDAY

13 TUESDAY

14 WEDNESDAY

15 THURSDAY

16 FRIDAY

17 SATURDAY

18 SUNDAY

Notes

To-Do

M	T	W	T	F	S	S
			1	2	3	4
5	6	7	8	9	10	11
12	13	14	15	16	17	18
19	20	21	22	23	24	25
26	27	28	29	30	31	

19 MONDAY

20 TUESDAY

21 WEDNESDAY

22 THURSDAY

23 FRIDAY

24 SATURDAY

25 SUNDAY

Notes

To-Do

M	T	W	T	F	S	S
			1	2	3	4
5	6	7	8	9	10	11
12	13	14	15	16	17	18
19	20	21	22	23	24	25
26	27	28	29	30	31	

26 MONDAY

27 TUESDAY

28 WEDNESDAY

29 THURSDAY

30 FRIDAY

31 SATURDAY

1 SUNDAY

Notes

To-Do

M	T	W	T	F	S	S
			1	2	3	4
5	6	7	8	9	10	11
12	13	14	15	16	17	18
19	20	21	22	23	24	25
26	27	28	29	30	31	

2 MONDAY

3 TUESDAY

4 WEDNESDAY

5 THURSDAY

6 FRIDAY

7 SATURDAY

8 SUNDAY

Notes

To-Do

M	T	W	T	F	S	S
						1
2	3	4	5	6	7	8
9	10	11	12	13	14	15
16	17	18	19	20	21	22
23	24	25	26	27	28	29
30	31					

9 MONDAY

10 TUESDAY

11 WEDNESDAY

12 THURSDAY

13 FRIDAY

14 SATURDAY

15 SUNDAY

Notes

To-Do

○
○
○
○
○
○
○
○
○
○
○
○
○

M	T	W	T	F	S	S
						1
2	3	4	5	6	7	8
9	10	11	12	13	14	15
16	17	18	19	20	21	22
23	24	25	26	27	28	29
30	31					

16 MONDAY

17 TUESDAY

18 WEDNESDAY

19 THURSDAY

20 FRIDAY

21 SATURDAY

22 SUNDAY

Notes

To-Do

M	T	W	T	F	S	S
						1
2	3	4	5	6	7	8
9	10	11	12	13	14	15
16	17	18	19	20	21	22
23	24	25	26	27	28	29
30	31					

23 MONDAY

24 TUESDAY

25 WEDNESDAY

26 THURSDAY

27 FRIDAY

28 SATURDAY

WK **34**

29 SUNDAY

Notes

To-Do

M	T	W	T	F	S	S
						1
2	3	4	5	6	7	8
9	10	11	12	13	14	15
16	17	18	19	20	21	22
23	24	25	26	27	28	29
30	31					

30 MONDAY

31 TUESDAY

1 WEDNESDAY

2 THURSDAY

3 FRIDAY

4 SATURDAY

5 SUNDAY

Notes

To-Do

- ○
- ○
- ○
- ○
- ○
- ○
- ○
- ○
- ○
- ○
- ○
- ○
- ○

M	T	W	T	F	S	SEPTEMBER S
		1	2	3	4	5
6	7	8	9	10	11	12
13	14	15	16	17	18	19
20	21	22	23	24	25	26
27	28	29	30			

6 MONDAY

7 TUESDAY

8 WEDNESDAY

9 THURSDAY

10 FRIDAY

11 SATURDAY

12 SUNDAY

Notes

To-Do

M	T	W	T	F	S	S
		1	2	3	4	5
6	7	8	9	10	11	12
13	14	15	16	17	18	19
20	21	22	23	24	25	26
27	28	29	30			

13 MONDAY

14 TUESDAY

15 WEDNESDAY

16 THURSDAY

17 FRIDAY

18 SATURDAY

19 SUNDAY

Notes

To-Do

- ○
- ○
- ○
- ○
- ○
- ○
- ○
- ○
- ○
- ○
- ○
- ○
- ○

M	T	W	T	F	S	S
		1	2	3	4	5
6	7	8	9	10	11	12
13	14	15	16	17	18	19
20	21	22	23	24	25	26
27	28	29	30			

20 MONDAY

21 TUESDAY

22 WEDNESDAY

23 THURSDAY

24 FRIDAY

25 SATURDAY

26 SUNDAY

Notes

To-Do

M	T	W	T	F	S	S
		1	2	3	4	5
6	7	8	9	10	11	12
13	14	15	16	17	18	19
20	21	22	23	24	25	26
27	28	29	30			

27 MONDAY

28 TUESDAY

29 WEDNESDAY

30 THURSDAY

1 FRIDAY

2 SATURDAY

3 SUNDAY

Notes

To-Do

M	T	W	T	F	S	S
				1	2	3
4	5	6	7	8	9	10
11	12	13	14	15	16	17
18	19	20	21	22	23	24
25	26	27	28	29	30	31

4 MONDAY

5 TUESDAY

6 WEDNESDAY

7 THURSDAY

8 FRIDAY

9 SATURDAY

10 SUNDAY

Notes

To-Do

M	T	W	T	F	S	S
				1	2	3
4	5	6	7	8	9	10
11	12	13	14	15	16	17
18	19	20	21	22	23	24
25	26	27	28	29	30	31

11 MONDAY

12 TUESDAY

13 WEDNESDAY

14 THURSDAY

15 FRIDAY

16 SATURDAY

17 SUNDAY

Notes

To-Do

M	T	W	T	F	S	S
				1	2	3
4	5	6	7	8	9	10
11	12	13	14	15	16	17
18	19	20	21	22	23	24
25	26	27	28	29	30	31

18 MONDAY

19 TUESDAY

20 WEDNESDAY

21 THURSDAY

22 FRIDAY

23 SATURDAY

24 SUNDAY

Notes

To-Do

M	T	W	T	F	S	S
				1	2	3
4	5	6	7	8	9	10
11	12	13	14	15	16	17
18	19	20	21	22	23	24
25	26	27	28	29	30	31

25 MONDAY

26 TUESDAY

27 WEDNESDAY

28 THURSDAY

29 FRIDAY

30 SATURDAY

31 SUNDAY

Notes

To-Do

M	T	W	T	F	S	S
				1	2	3
4	5	6	7	8	9	10
11	12	13	14	15	16	17
18	19	20	21	22	23	24
25	26	27	28	29	30	31

1 MONDAY

2 TUESDAY

3 WEDNESDAY

4 THURSDAY

5 FRIDAY

6 SATURDAY

7 SUNDAY

Notes

To-Do

M	T	W	T	F	S	S
1	2	3	4	5	6	7
8	9	10	11	12	13	14
15	16	17	18	19	20	21
22	23	24	25	26	27	28
29	30					

8 MONDAY

9 TUESDAY

10 WEDNESDAY

11 THURSDAY

12 FRIDAY

13 SATURDAY

14 SUNDAY

Notes

To-Do

M	T	W	T	F	S	S
1	2	3	4	5	6	7
8	9	10	11	12	13	14
15	16	17	18	19	20	21
22	23	24	25	26	27	28
29	30					

15 MONDAY

16 TUESDAY

17 WEDNESDAY

18 THURSDAY

19 FRIDAY

20 SATURDAY

21 SUNDAY

Notes

To-Do

M	T	W	T	F	S	S
1	2	3	4	5	6	7
8	9	10	11	12	13	14
15	16	17	18	19	20	21
22	23	24	25	26	27	28
29	30					

22 MONDAY

23 TUESDAY

24 WEDNESDAY

25 THURSDAY

26 FRIDAY

27 SATURDAY

WK 47

28 SUNDAY

Notes

To-Do

○
○
○
○
○
○
○
○
○
○
○
○
○

M	T	W	T	F	S	S
		1	2	3	4	5
6	7	8	9	10	11	12
13	14	15	16	17	18	19
20	21	22	23	24	25	26
27	28	29	30	31		

29 MONDAY

30 TUESDAY

1 WEDNESDAY

2 THURSDAY

3 FRIDAY

4 SATURDAY

5 SUNDAY

Notes

To-Do

M	T	W	T	F	S	S
		1	2	3	4	5
6	7	8	9	10	11	12
13	14	15	16	17	18	19
20	21	22	23	24	25	26
27	28	29	30	31		

6 MONDAY

7 TUESDAY

8 WEDNESDAY

9 THURSDAY

10 FRIDAY

11 SATURDAY

12 SUNDAY

Notes

To-Do

- ○
- ○
- ○
- ○
- ○
- ○
- ○
- ○
- ○
- ○
- ○
- ○
- ○

M	T	W	T	F	S	S
		1	2	3	4	5
6	7	8	9	10	11	12
13	14	15	16	17	18	19
20	21	22	23	24	25	26
27	28	29	30	31		

13 MONDAY

14 TUESDAY

15 WEDNESDAY

16 THURSDAY

17 FRIDAY

18 SATURDAY

19 SUNDAY

Notes

To-Do

- ○
- ○
- ○
- ○
- ○
- ○
- ○
- ○
- ○
- ○
- ○
- ○
- ○

M	T	W	T	F	S	S
		1	2	3	4	5
6	7	8	9	10	11	12
13	14	15	16	17	18	19
20	21	22	23	24	25	26
27	28	29	30	31		

20 MONDAY

21 TUESDAY

22 WEDNESDAY

23 THURSDAY

24 FRIDAY

25 SATURDAY

26 SUNDAY

Notes

To-Do

- ○
- ○
- ○
- ○
- ○
- ○
- ○
- ○
- ○
- ○
- ○
- ○
- ○

M	T	W	T	F	S	S
		1	2	3	4	5
6	7	8	9	10	11	12
13	14	15	16	17	18	19
20	21	22	23	24	25	26
27	28	29	30	31		

27 MONDAY

28 TUESDAY

29 WEDNESDAY

30 THURSDAY

31 FRIDAY

1 SATURDAY

2 SUNDAY

Notes

To-Do

M	T	W	T	F	S	S
		1	2	3	4	5
6	7	8	9	10	11	12
13	14	15	16	17	18	19
20	21	22	23	24	25	26
27	28	29	30	31		

MONDAY	TUESDAY	WEDNESDAY	THURSDAY
28	29	30	31
4	5	6	7
11	12	13	14
18	19	20	21
25	26	27	28

FRIDAY	SATURDAY	SUNDAY
1	2	3
8	9	10
15	16	17
22	23	24
29	30	31

MONDAY	TUESDAY	WEDNESDAY	THURSDAY
1	2	3	4
8	9	10	11
15	16	17	18
22	23	24	25
1	2	3	4

FRIDAY	SATURDAY	SUNDAY
5	6	7
12	13	14
19	20	21
26	27	28
5	6	7

MONDAY	TUESDAY	WEDNESDAY	THURSDAY
1	2	3	4
8	9	10	11
15	16	17	18
22	23	24	25
29	30	31	

FRIDAY	SATURDAY	SUNDAY
5	6	7
12	13	14
19	20	21
26	27	28
2	3	4

MONDAY	TUESDAY	WEDNESDAY	THURSDAY
29	30	31	1
5	6	7	8
12	13	14	15
19	20	21	22
26	27	28	29

FRIDAY	SATURDAY	SUNDAY
2	3	4
9	10	11
16	17	18
23	24	25
30	1	2

MONDAY	TUESDAY	WEDNESDAY	THURSDAY
26	27	28	29
3	4	5	6
10	11	12	13
17	18	19	20
24	25	26	27
31			

MAY

FRIDAY	SATURDAY	SUNDAY
30	1	2
7	8	9
14	15	16
21	22	23
28	29	30

<table>
<tr><td>MONDAY</td><td>TUESDAY</td><td>WEDNESDAY</td><td>THURSDAY</td></tr>
<tr><td>31</td><td>1</td><td>2</td><td>3</td></tr>
<tr><td>7</td><td>8</td><td>9</td><td>10</td></tr>
<tr><td>14</td><td>15</td><td>16</td><td>17</td></tr>
<tr><td>21</td><td>22</td><td>23</td><td>24</td></tr>
<tr><td>28</td><td>29</td><td>30</td><td>1</td></tr>
</table>

FRIDAY	SATURDAY	SUNDAY
4	5	6
11	12	13
18	19	20
25	26	27
2	3	4

<table>
<tr><th>MONDAY</th><th>TUESDAY</th><th>WEDNESDAY</th><th>THURSDAY</th></tr>
<tr><td>28</td><td>29</td><td>30</td><td>1</td></tr>
<tr><td>5</td><td>6</td><td>7</td><td>8</td></tr>
<tr><td>12</td><td>13</td><td>14</td><td>15</td></tr>
<tr><td>19</td><td>20</td><td>21</td><td>22</td></tr>
<tr><td>26</td><td>27</td><td>28</td><td>29</td></tr>
</table>

FRIDAY	SATURDAY	SUNDAY
2	3	4
9	10	11
16	17	18
23	24	25
30	31	

MONDAY	TUESDAY	WEDNESDAY	THURSDAY
26	27	28	29
2	3	4	5
9	10	11	12
16	17	18	19
23	24	25	26
30	31		

FRIDAY	SATURDAY	SUNDAY
30	31	1
6	7	8
13	14	15
20	21	22
27	28	29

<table>
<tr><td>MONDAY</td><td>TUESDAY</td><td>WEDNESDAY</td><td>THURSDAY</td></tr>
<tr><td>30</td><td>31</td><td>1</td><td>2</td></tr>
<tr><td>6</td><td>7</td><td>8</td><td>9</td></tr>
<tr><td>13</td><td>14</td><td>15</td><td>16</td></tr>
<tr><td>20</td><td>21</td><td>22</td><td>23</td></tr>
<tr><td>27</td><td>28</td><td>29</td><td>30</td></tr>
</table>

FRIDAY	SATURDAY	SUNDAY
3	4	5
10	11	12
17	18	19
24	25	26
1	2	3

MONDAY	TUESDAY	WEDNESDAY	THURSDAY
27	28	29	30
4	5	6	7
11	12	13	14
18	19	20	21
25	26	27	28

FRIDAY	SATURDAY	SUNDAY
1	2	3
8	9	10
15	16	17
22	23	24
29	30	31

MONDAY	TUESDAY	WEDNESDAY	THURSDAY
1	2	3	4
8	9	10	11
15	16	17	18
22	23	24	25
29	30	1	2

FRIDAY	SATURDAY	SUNDAY
5	6	7
12	13	14
19	20	21
26	27	28
3	4	5

MONDAY	TUESDAY	WEDNESDAY	THURSDAY
29	30	1	2
6	7	8	9
13	14	15	16
20	21	22	23
27	28	29	30

FRIDAY	SATURDAY	SUNDAY
3	4	5
10	11	12
17	18	19
24	25	26
31	1	2

🕐	MON	TUE	WED	THU	FRI	SAT	SUN

WEEKLY SCHEDULE

🕐	MON	TUE	WED	THU	FRI	SAT	SUN

Date:	Subject:
Participants:	

Notes

Date:	Subject:
Participants:	

Notes

Date:

Subject:

Participants:

Notes

Date:

Subject:

Participants:

Notes

Date:	Subject:
Participants:	

Notes

Date:	Subject:
Participants:	

Notes

MEETING NOTES

Date:	Subject:
Participants:	

Notes

Date:	Subject:
Participants:	

Notes

| Date: | Subject: |
| Participants: | |

Notes

| Date: | Subject: |
| Participants: | |

Notes

MEETING NOTES

Date:	Subject:
Participants:	

Notes

Date:	Subject:
Participants:	

Notes

Date:	Subject:
Participants:	

Notes

Date:	Subject:
Participants:	

Notes

MEETING NOTES

Date:	Subject:
Participants:	

Notes

Date:	Subject:
Participants:	

Notes

	Date	Description of Expense	Category	Amount	Payment Type
1					
2					
3					
4					
5					
6					
7					
8					
9					
10					
11					
12					
13					
14					
15					
16					
17					
18					
19					
20					
21					
22					
23					
24					
25					
26					
27					
28					
29					
30					

EXPENSE TRACKER

	Date	Description of Expense	Category	Amount	Payment Type
31					
32					
33					
34					
35					
36					
37					
38					
39					
40					
41					
42					
43					
44					
45					
46					
47					
48					
49					
50					
51					
52					
53					
54					
55					
56					
57					
58					
59					
60					

	Date	Description of Expense	Category	Amount	Payment Type
61					
62					
63					
64					
65					
66					
67					
68					
69					
70					
71					
72					
73					
74					
75					
76					
77					
78					
79					
80					
81					
82					
83					
84					
85					
86					
87					
88					
89					
90					

	Date	Description of Expense	Category	Amount	Payment Type
91					
92					
93					
94					
95					
96					
97					
98					
99					
100					
101					
102					
103					
104					
105					
106					
107					
108					
109					
110					
111					
112					
113					
114					
115					
116					
117					
118					
119					
120